# Le chemin de l'espérance

Stéphane Hessel

Edgar Morin

Stéphane Hessel

Edgar Morin

# Le chemin de l'espérance

【法】斯特凡·埃塞尔　埃德加·莫兰　著

马胜利　译

# 希望之路

## 公民伦理的创建

生活·讀書·新知　三联书店

# 目　录

# 中文版序
# 为公民伦理的创建带来希望

阿尔弗雷德·贝纳-维加①

多米尼克·沃尔顿（Dominique Wolton）曾指出，很久以来，埃德加·莫兰（Edgar

① 阿尔弗雷德·贝纳-维加（Alfredo Pena-Vega）现任法国国家科研中心当代人类学跨学科研究院和法国巴黎文明政治国际研究院教授、研究员，著有《生态意识：埃德加·莫兰与复杂性生态》（2003年）、《埃德加·莫兰：自由思想的风险》（2011年）等。他多年担任埃德加·莫兰的学术助手，并共同著有《超越发展，争取人类政治》（2010年）、《关于知识的对话，与高中生交谈》（2011年）、《重返地球宣言》（2012年）等。——译者注

Morin）总会让一些人感到惊讶和着迷，同时又使另一些人感到恼火，而这都是出自同样的原因。应当看到，在 20 世纪的法国知识分子中，有些人参与了对知识范畴的更新，并促进了新型世界观念的产生。埃德加·莫兰便是其中一员，因为他提出，当今的全球危机威胁着人类特性的发展。雷吉斯·德布雷（Régis Debray）指出，斯特凡·埃塞尔（Stéphane Hessel）当属“保持晚节者”。埃塞尔曾写道：“人活到 95 岁已接近生命的尾声。但有幸的是，我还能利用余生重申促使我投身政治的基础，即全国抵抗委员会在 68 年前制订的纲领。”

要说埃塞尔和莫兰两人的经历有何共同之处的话，那就是他们都是参加过抵抗运动的老战士。作为法国抵抗运动久经考验的重要成员，埃塞尔曾先后从布痕瓦尔德集中营和多拉集中营逃脱。第二次世界大战后，他亲自参与了《世界人权宣言》的筹划工作，并曾担任该文献的起草人。至于莫兰，他于1941年加入抵抗运动，不久便成为法国共产党图卢兹地区的负责人。1944年初，他受党组织指派，到巴黎组织编印号召起义的传单。在第二次世界大战结束后，和当时许多知识分子一样，莫兰坚定地站到了反对帝国主义的进步力量一边。埃塞尔则向我们明确宣称：抵抗运动的基本动因就是义愤……

然而，促使埃塞尔和莫兰走到一起的不止是义愤，他们在思想上也有许多相通之处。莫兰从20世纪60年代起便努力创建一种基于人类学的、把马克思和弗洛伊德结合起来的、革命性的新型政治立场。从70年代起，莫兰便就地球面临的威胁向我们发出警告："没有确定无疑的进步，而只有并不确定的可能性，这在很大程度上取决于我们是否拥有觉悟、意志、勇气和运气……”（2010 年）一旦意识到这一点，我们便能产生全球性新思维，并且彻底改变原有的思想：我们将重新定义共同生活，创建真正的文明政治，从而解决当今文明存在的问题。这是促成新型人类再生的必要前提。

以人类尊严为核心的新人道主义是斯特凡·埃塞尔给我们的启示。他认为，无论谁都应当拥有一席之地，都有权吃饱穿暖，享有住房和人间温暖。他指出，这种人道主义把个人的生存和发展视为最高目的，它根据人类的本性、需求和命运提出了解决各种问题的方式，并充分考虑到人类的体验、经历、感情，以及对他人的责任和互助的义务（《世界报》，2012 年）。他还强调，为实现这一目标，“我们必须以权利为基准，无论谁侵害了这些权利，我们都应当表示义愤。在上述权利方面不应当有任何妥协”（2010 年）。

莫兰认为，我们应当重建一种“再现”或“再生”的人道主义。这种人道主义“不再为人类中心论辩护，也不再维护人类征服地球的神话（‘人类要成为大自然的主宰和支配者’，这种说法代表了现代化的自杀性纲领）。这是一种全球人道主义，它意识到‘地球祖国’是承载人类命运、根源和沉沦的共同体”（《世界向何处去?》，第 9 页）。

埃塞尔和莫兰这两个倡导“意识反叛”的人道主义斗士还指出，大部分人认为打开出路并非难事，然而出路也会重新堵塞。在人类社会演变的过程中，我们正处于一个极为特殊的时刻。埃塞尔提出，这一时刻要求那些主张克服不可容忍现象的人们充分动员起来。不可容忍的现象当然包括几个世纪以来毁坏“地球祖国”（这是埃德加·莫兰赋予地球的名称）的做法。另外，埃尔维·肯普夫（Hervé Kempf）在《结束寡头政治，民主万岁》（*L'oligarchie, ça suffit, vive la démocratie*）一书中也写道，同样令人不能忍受的还有掌控经济而不顾民主的寡头政治。埃塞尔还告诉我们：“在这方面，作为《愤怒吧！》（*Indignez-vous!*）这本30页小册子的作者，我提出了自己选择的道路。”

这本旨在鼓励公民参与和创建公民伦理的书为何以《希望之路》（*Le chemin de l'espérance*）为题呢？有些人认为，人类面前是死路一条，希望之路只是一种虔诚的愿望。抨击该书的人认为，“作者并未谈到实现其目标的措施和方法，他们丝毫没有论及保守主义的各种堡垒和应当在所谓希望之路上扫除的特权！而只是空泛地指责了放纵的金融领域”。[①] 应当看到，这本书绝非只想表达一种良好愿望，而是旨在实现一种政治革新。以前，作者曾担心有太多的人陷于麻木状态。而如今，还有麻木不仁或无动于衷的人吗？当然没有了！埃塞尔强调说："我与埃德加·莫兰写这本书就是为了呼吁他们投身进来，因为此时正值新的机会。"（在第戎国际大学的演讲，2011 年）

古生物学家米歇尔·布吕内（Michel Brunet）提到，人类最早出现在非洲。我们看到，人类还是个很年轻的物种，它最初的发育是通过狩猎和采摘果实，后来又建立起最初的

① 参见 http：//henricles. over-blog. com/article-le-chemin-de-l-esperance。

王朝，如今人类在地球上已有70亿之众。然而，我们至今仍未建立起一种制度来制止极不公正的现象。在这个不断遭到破坏的地球上，极度的贫困与可耻的富足并存。不公正现象源于被激发的仇恨，它导致了恐怖主义，并使暴力变得日益不可忍受。在国家方面，不公正现象还助长了人民之间的相互憎恨。

正因为如此，我们担负着不可推卸的责任！

我们绝不能再麻木不仁和无动于衷了！

我们必须找到一条希望之路，并投身到这一探索之中！

无论是法国人还是非洲人、智利人、委内瑞拉人、巴西人、中国人、欧洲人，以及其他所有人，大家都应当团结起来，向支配我们国家和政府的金融资本主义势力展开斗争。我们应当敦促政府并使之拥有足够的勇气。为此，我们自己首先应当拥有充分的信心和勇气。我们已经知道解决问题的办法，我们当前的责任是推动政府面对和解决这些问题！

我们深知，人类社会是有可能建立在尊重他人、维护人类尊严和基本自由的基础之上的。当然，要实现这一点还有许多事情要做。

正如莫兰所强调的，“人类尚未开发的潜能是希望的基础，未必的可能性是希望的赌注。我们将不再绝望地投身“最后的斗争”，而是满怀信心地开始新的斗争。这希望要求我们复原人类对世界的观念和看法，要求我们不仅制定一项计划，更要创建一种伦理”。①

2013 年 10 月 1 日于巴黎

---

① 埃德加·莫兰，《我心目中的左派》（*Ma gauche*），巴黎，François Bourin Editeur，2010 年，第 267 页。

# 第一章　法国在世界的地位

亲爱的同胞们，我们的言论旨在揭露和谴责把我们引向灾难的盲目政策。

它旨在指明一条救国救民的政治道路。

还旨在提出一种新的希望。

## 法国、世界、欧洲

我们的国家既不在真空中，也不在一个僵化不变的世界里。

我们应当意识到，我们同属一个全球命运共同体；全人类都面临同样的致命威胁：核武器扩散、民族宗教冲突泛滥、生物圈被损毁、全球经济运行失控并充满矛盾、金钱暴政、源于远古时代的野蛮与源于技术经济考虑的冷酷相互交织……在20世纪，整个人类曾饱受极权主义野蛮之苦；而如今，他们不仅受到金融资本主义的祸害，还遭到种族主义、民族主义、宗教狂热和善恶二元论的威胁。全人类所面临的是一种混合型危机，这些危机构成威胁人类的总危机，使他们难以成长为名副其实的人类。

1932年，保罗·瓦莱里（Paul Valéry）以杰出的先见之明写道："人类从未像今天这样把如此多的力量与如此多的不安，如此多的烦恼和如此多的玩具，如此多的知识与如此多的不确定性结合到一起。在当今社会，焦虑与无聊并存。”①

此后不久，康拉德·劳伦兹（Konrad Lorenz）扪心自问：“我们应当思考的是，如今最影响人们灵魂的是什么：是盲目的激情，还是狂热的急躁?”

我们的回答是：既是前者也是后者，是二者的综合。

我们肩上担负着双重责任。

首先是分担全球人类命运的公民责任。这项责任所反映的普遍原则在法国国歌《马赛曲》第11、12段中有明确的表达，尽管这两段歌词如今仍鲜为人知。

---

①《论历史》（Discours sur l'histoire），载于《杂文集》（*Variété*），第四卷，1932年。

第11段：

全欧洲崇尚的法兰西
重新获得了自由，
每个公民都生活在
自由的法则下（重复）；
有一天，它的亲切形象
会展现于全天下。
各族人民，你们要打碎枷锁，
你们将拥有祖国！
（副歌）

第12段：

把人权践踏在地，
罗马先民的野蛮军团

奴役着所有民族（重复）；
一个更加宏伟和智慧的计划
敦促我们投入战斗，
法国人拿起武器
只是为了消灭奴役。

以上所表达的雄心壮志同样体现在1944年法国全国抵抗运动委员会制定的纲领中，以及四年后在巴黎通过的《世界人权宣言》中。勒内·卡森（René Cassin）为该宣言的问世做出了重要贡献。

当然，我们不能单独地决定我们星球的命运。然而，我们却可根据上述歌词阐述的原则，揭示出通往“地球祖国”的伟大、漫长和崎岖的道路。这一地球祖国应涵盖和尊重我们的祖国和所有人的祖国。这便要求人们：在应对全球化时代所有总体性问题时，必须超越民族国家的绝对主权；但与此同时，在其他领域则应充分尊重各国的主权。

经济自由主义声称取代了意识形态，然而它却是一种失败的意识形态。它所主张的自由放任促成了部分成功，但造成的贫困却远大于富足。在经济自由主义的庇护下，全球化、追求发展和西方化成为同一现象的三种表现，它们在解决人类生存问题上却显得无能为力。

全球体系若不能解决其引发的生存问题，便会陷于瓦解或沦为衰退，除非它能够创造条件，成功地脱胎换骨，从而达到继续生存和完成自身改造。

目前的全球体系只有两种前途，或是走向死亡，或是脱胎换骨。要实现脱胎换骨，就必须经历改革和转化的进程。这些进程应当像百川汇合一样形成一股洪流，从而使当前的变革成为时代转变的前奏。

我们应当意识到，对人类而言，全球化既可能是最佳的前景，也可能是最坏的结果。

说它可能是最佳前景，是因为人类所有成员首次开始相互依存，并生活在一个命运共同体中。这为实现地球祖国创造了条件。需要强调的是，这个地球祖国远不否认各人的祖国，而是将它们包容在一起。

说它可能是最坏的结果，是因为全球化开启了朝向连锁灾难的疯狂赛跑。科学技术的操纵和破坏能力飞速发展并失去控制；追逐利润的经济大肆泛滥，并导致大规模毁灭性武器扩散和生物圈恶化。与此同时，肆无忌惮的金融资本主义取代了20世纪的极权主义，并以投机活动控制着国家和人民。另外，种族性、民族性和领土性的排外和封闭现象也死灰复燃。由金融投机和善恶二元论的盲目狂热汇成的祸水正强化和加速着通向灾难的进程。

我们还必须意识到，如果说目前实现的发展使全球部分人口得以享受“西方式的”繁荣，那么这种发展同样造成了大规模的贫困地区并产生出严重的不平等现象。

我们应当既懂得推进全球化，也善于实行去全球化。各地的人类都面临着死亡威胁，因此应当推进有助于建立人类命运共同体的全球化。我们大家都应感到自己与这个星球休戚与共，它的生命决定着我们的生命。我们应当挽救人类的地球祖国。因此我们提议，要巩固和扩展全球化在促进相互团结和文化繁荣方面带来的所有成果。但我们同时也提议，要恢复地方、地区和国家层面所需的自治，要保护和鼓励各地的文化多样性。我们之所以要实行去全球化，是为了赋予社会和互助经济应有的地位，保护乡土经济，保护与食品有关的农业，以及手工业和便民商业，从而制止农村荒漠化和城郊穷困地带缺乏服务设施的状况。

还必须指出，发展的标准公式全然无视传统社会的团结互助、知识和技能，所以应当对发展进行重新思考和使其多样化，以便在发展中保留共同体所特有的团结互助。

总之，我们应当从法国做起，以一种复杂律令来取代只重增长的单一律令，即不仅要确定什么应当增长，也应确定什么应当压缩。应当增长和加强的是绿色能源、公共交通、社会和互助经济、学校、文化，以及对大都市的人性化治理；应当减少和扼制的是工业化农业、化石能源与核能、中间商的寄生性、军事工业、消费成瘾、奢侈商品经济，以及挥霍性生活方式。总之，与其把增长和压缩树为两面对立的旗帜，还不如把哪些应当增长，哪些应当压缩列出一份清单。

在这个多极化的世界里，我们应当努力实现欧洲的统一、自主和政治意志，使它成为坚固的实体。这将有助于欧洲在应对当代所有重大问题时以人类的谅解与和平为本。为此，欧洲应当制订一项共同的移民融入政策。另一方面，欧洲还应竭力制止冲突激化，因为任何地方爆发和展开的冲突都会引发野蛮行为。尤其应当指出，以色列与巴勒斯坦的悲剧已经扩展到全球范围。

我们应当赋予欧洲一种宏图大志。在15—16世纪，文艺复兴的欧洲是文明的创造者，它使古希腊的思想成果获得了新生。如今，我们要促成一场新的文艺复兴运动，努力吸收其他文明的道德和精神成果，尤其是亚洲智慧的成果。我们向全世界提出的建议不应是全盘西方化，而应是一种人道政策，该政策应考虑到全球各地文化的特性、长处和短处，并努力将所有文明的精华综合在一起。这种文明共生的思想应当彻底压倒关于文明冲突或战争的主张。

欧洲不仅应当继续发展人道主义和实际的民主，尊重人权和妇女权利，还应当抵制其文明内部和外部产生的日趋严重的腐化堕落。法国有责任在这方面发挥积极作用，并成为这一运动的领导者，即率先在本民族框架内实施“文明政治”。

我们知道，彻底的脱胎换骨只能在多种进程中实现，但我们目前已可以向其他民族提出关于世界治理的建议。这种治理不仅能改革和重建联合国，还可创建全球性的决策机构，从而解决大规模毁灭性武器扩散、生物圈恶化、饥荒重现和长期营养不良等重大问题。实现这些目标的必要前提是建立真正的经济调节机制，以消除包括操纵原料价格在内的所有世界金融投机罪行。

我们正朝着深渊狂奔，这种行为已在全球各地酿成爆炸性局面，这也是导致愤世派运动在全球迅速蔓延的原因。日益加剧的不平等，肆无忌惮的腐败，长期性失业，这些都是阿拉伯之春的造反者，西班牙、希腊、以色列和智利的愤世派，伦敦和英国其他大城市的闹事者，以色列的抗议者和印度的暴动者同声谴责的对象。

我们必须意识到，目前正是人类最危急的时刻。但我们同时还要意识到这一时刻的双重性：它既充满风险和威胁，又蕴藏着机会。

# 第二章　为法国献策

邦有道，贫且贱焉，耻也；邦无道，富且贵焉，耻也。

——孔子

真正的生活在别处。

——兰波

人们不会认为，日益融入全球化后，便不可能实施民族自主政策：既抵制全球化产生的限制和弊端，又从全球化的积极方面获益。我们想要表明的是，面对新的挑战，奉行一种新政策便会为我们社会打开新生之路。

不少人意识到我们过于依赖全球化，但却对此感到无能为力，甚至甘愿听天由命，不再抱任何希望，从而变得不问政治或愤世嫉俗。有些人意识到我们对世界和欧洲的依赖所产生的弊端，并认为出路在于摆脱上述环境，也就是将法国去全球化和去欧洲化。但他们没有认识到，和他们想摆脱的环境相比，孤立和封闭是更大的弊端。我们想让大家意识到，全球化与去全球化，发展与内敛是应当遵循的双重原则，在这种原则下有可能实施一种新的民族自主政策。我们曾经指出，去全球化和内敛的意义在于捍卫乡土和地区的生存利益，保护有活力的文化。按照这一双重原则制定的政策既可保障全球的团结，也能维护民族和地方的团结以及乡土美德。这一双重原则也有助于在国家范围实施旨在深刻改革和转变的政策。

## 为什么要改革和转变?

我们的主张依据以下三项判断:

首先，我们的社会和文明造成和积累了大量严重问题与弊端;

其次，我们的社会和文明的优秀成果受到日益严重的威胁;

第三，抵抗运动所崇尚的价值受到蔑视，并时常遭到执政派的践踏。

我们首先要列举的现象是：逐利的贪婪肆无忌惮；实际的团结互助日渐瓦解；公营和私营部门超级官僚化；恶性竞争不断加剧并造成巨大压力；追求数量超过注重质量；消费成瘾助长劣质产品推销；农业和养殖业的工业化令食品质量下降；被制约和雾化的消费者、中小生产者和公民陷于无能为力的境地；教育制度弊端百出，它割裂和封闭知识，无力解答涉及个人和公民生活的重大总体性问题；盲目的政治思维陷入危机，它患了经济主义痴呆症，即把所有政治问题归结为市场问题，因而不能提出任何宏伟蓝图。

我们还要列举当今文明的弊端：物质福利的实现并没有带来精神幸福，富裕人群对毒品、镇静剂、兴奋剂、催眠剂的疯狂消费证明了这一点。福利的目的已经变质，它所注重的唯有物质享受。经济发展并未在精神方面带来相应的结果。计时化、超级专业化和分隔化渗透到企业和行政部门，乃至我们的工作和生活中，并造成了官僚化泛滥、主动性丧失和不敢承担责任。个人主义的长足进展导致了团结互助的不幸倒退。

我们的社会缺乏换位思考、友好待人和相

互同情，这表现为同一街区、同一楼房的居民之间也态度冷淡和缺乏礼貌。然而，向陌生人打招呼便意味着将其视为友好的同类。同样，在企业和家庭中也缺乏理解。一旦使命被压缩成职业，医疗、护理和教育方面的爱心便不复存在。然而，柏拉图说过："要施教便应有爱。"这即是说，应当热爱所教授的知识和教育对象。在这方面，阿克塞尔·霍耐特（Axel Honneth）也曾指出："每个人都是通过爱的体验获得自信的。"总之，爱是承认他人的最高方式。

福利中的苦恼便是由此产生的。我们国家有数百万人处于孤独之中，人们拨打"友情援助"电话的主要原因也在于此。福利中的苦恼产生了一系列后果：酗酒、吸毒、抑郁和心理疾病都表明信赖和依靠（社会和家庭的团结互助等）的退化。除此之外，还有无数细小的苦恼限制、干扰和恶化着我们的生活，例如在窗口前、在医院急救室、在电话中无休止的等待，被人从一个部门打发到另一个部门，从一个窗口打发到另一个窗口。当然，这种情况也与工作人员的超负荷有关，而这种超负荷又与他们的分隔化有关，因为每个人都被封闭在其职能领域里。另外，这也是以加强合理化和竞争性为名压缩人员数量的结果。实际上，受超负荷和分隔化之苦的不只是客户和消费者，那些工作人员所承受的压力也会导致神经紧张、身心疾病、抑郁，甚至自杀。因此，必须打破这种官僚化，同时制止竞争激化。

与此同时，我们的历史精华也面临着威胁。在这方面，法国的例子很能说明问题。在20世纪里，主张共和制、世俗化的和社会化的法兰西曾战胜了反动、封闭、排外、种族主义和专制的法兰西。但由于法国又蒙受了史无前例的军事惨败，眷恋专制、反动、排外、封闭和种族主义的法兰西便打着维希政权的旗号重新得势，并从门楣上抹去了自由、平等、博爱的箴言。然而，这个法兰西因与德国占领军合作而名声不佳，并随着法国的解放而土崩瓦解。于是，崇尚共和制和社会化的法兰西得以最终建立。但如今我们又发现，一种与军事失败、勾结外敌和外国占领无关的维希主义正暗中兴起。在此，我们并不打算分析这种倒退的国内因素和普遍原因，而只是想指出：历史进步信念的丧失殆尽，现实状况的变幻莫测，经济情势的复杂纷乱，文明呈现的严重危机……所有这些都助长了人们的焦虑不安。由于对美好未来失去希望，人们只能从确信的历史中寻求庇护。于是他们便重新固守起残破的民族认同观念，并把外国人和移民作为替罪羊，将他们视为潜入国内的敌人。

如今，仇外情绪已在法国公开泛滥起来：移民太多了！外国人太多了！以马格里布人和非洲人为主的街区太多了！然而，那些住在纽约哈莱姆区、布朗克斯区，以及生活在黑人、波多黎各人、犹太人、意大利人或中国人住区的美国人也会发出这种抱怨吗？法国是由不同地区组成的，它从来就具有多民族性质。在 20 世纪，法国的多民族性质在同化外来移民的过程中得以延续。和主要由外来移民构成的美国相比，法国所处的是中间状况。美国把它的原住民排除在民族认同之外，把欧洲人征服美洲之前的历史一笔抹杀，把美国的独立作为其历史的开端，并让这部历史在民族杂交中不断延续。至于法国，它首先是高卢人、罗马人、法兰克人互相杂交的产物。1 000 多年来，是各个地区不同民族（弗拉芒人、阿尔萨斯人、布列塔尼人、巴斯克人，等等）相互融合的过程造就了法兰西。第三共和国期间，法国还吸纳了不断涌入的外来移民，并使上述历史得以继续。因此，尽管法国宣称自己是统一和不可分割的共和国，法兰西自古以来就是一个多元文化实体。第二次世界大战后，随着新移民潮的涌入，这一实体更为扩大了。因此，我们捍卫外来移民的权利就是捍卫使法兰西得以产生和再生的基本原则，即让移民同化为法国人的原则。假如我们需要掀起新的抵抗运动，其对象不应是"外国占领者"，而应是侵蚀我们民族的内部弊端。

封闭的和丧失活力的文化只能容忍少量外

来移民，并不能将他们融入自身。富有活力和开放性的文化则能够融入大量外来移民。法国应当重新焕发活力，并继续对外开放。我们主张法兰西共和国实现再生，所以我们要表现出法兰西民族的天性。

文明危机、社会危机和经济危机的同时加剧使我们面临的危险更为严重。社会裂痕演变成社会断裂，排斥现象日趋严重。我们像梦游者一样，正一步步走向灾难。人们虽预感到这些灾难，但它们尚难以察觉。1929 年的股市暴跌发生在一个恐慌、沮丧和分裂的社会中，它致使纳粹主义合法地取得了政权。尔后，纳粹主义便启动了导致 1939—1945 年战争的冲突进程。目前的危机加剧了所有断裂、恐惧和仇恨，并将我们引向新的深渊。经济危机加剧了民主制的危机，这些危机的结合又助长了极端势力的上升。“民粹主义”一词并不能概括上述极端势力。况且，自身也陷于危机的左翼力量还不能把不满情绪引向解放之路；以往十分活跃的民众力量目前也处于四分五裂的境地；普遍蔓延的无能为力和听天由命的情绪随时会转变为愤怒和狂热。正因为如此，采取另一种思维，在所有领域实行另一种政策是刻不容缓的任务。

## 福祉政治

上述大小弊端都是导致政治、社会、文明退化的因素，它们也会在我们生活中造成各种日常性破坏。因此，应当通过再生政策来深刻改革当今的社会和生活方式，并彻底克服这些弊端。数量对质量的压倒优势应当颠倒过来，同时也要保障旨在消除贫困的产业和产品数量。这种再生政策应使人们的自主性得以充分发挥，同时又能融入共同体之中。再生政策应当恢复团结互助，限制利己主义。它不仅应当关注生存状况（即与欢乐和幸福无关的需求），也应当关注生活状况，即在与他人和世界的接触中得到充分发展。在这方面，审美的感动和惊叹不应是精英独享的奢侈，而应是人人拥有的权利。

为实现上述目标，我们提出一套综合性措施，其中包括新的经济与社会政策，以及去官僚化和“去竞争化”的劳动政策、城市政策、农村政策、农业生产政策和消费政策。这些政策是相辅相成的，并旨在实现福祉政治。

福祉（bien-vivre）与福利（bien-être）似乎是同义词。然而，在当今的文明中，福利的概念被压缩为物质含义，即享受舒适，拥有物品和财产，其中全然没有了福祉的本义，即实现个人的充分发展，促进爱情和友情关系，加强共同体意识。如今的福祉当然应该包括物质福利，但它必须反对那种认为“不断追求更多”便能实现福利的数量观。福祉意味着生活的质量，而不是财产的数量。它最主要的内涵是情感、心理和伦理方面的幸福。

为抵制数量、计算和财产的霸权，我们应当实施一系列注重生活质量的政策，即福祉政治。① 为此，我们要鼓励所有制止空气、食品、水源、健康和气候质量下降的行动。任何有活力的经济都应当是有益于健康和生活质量的经济。所以，在城市中心区限制对汽车的依赖将

---

① 阿兰·卡耶（Alain Caillé）将其称为“欢聚政治”（politique de la convivialité）。

有助于减少呼吸系统和身心的疾病；以农场式乡村环境取代工业化的农业和畜牧业，同时净化地下水层，即我们的卫生水源，这将有助于恢复食品质量和保证消费者的健康；扼制消费成瘾（包括宣扬非必需商品可带来魅力和享受的广告污染），减少一次性商品造成的浪费，制止时尚频频转换并造成产品很快过时，这将使我们扭转“追求数量”的疯狂竞赛，代之以“追求质量”的稳步行进。这种稳步行进所体现的持续行动将促进两股值得发展的潮流，即城市的重新人性化和农村的再度振兴。这两股潮流都是实现福祉所必需的。第二股潮流要求通过设立远程工作，恢复面包房、小餐馆、邮局和小学，养护周边道路和保持集体交通工具等做法来实现村镇的复兴。农村人口的增加与农村活力的重现是同步实现的。

我们不应该忽略公共行政部门和企业管理部门的改革。在这方面，应当实行去官僚化、去僵化和去分隔化，大力发挥公务员和雇员的主动性和灵活性，对有求于办公机构者，首先是老年人和不懂法语或不会算账的人给予关爱、耐心和体贴。国家改革并不在于增加或取消某些职位，而在于改变现有的逻辑：把人视为数控物件而不是拥有自主性、智慧和情感的生命。

福祉意味着个人在共同关系中的充分发展。我们的生活分为平淡和诗意两个方面。所谓平淡的一面是我们出于被迫或责任而只得承受的东西；诗意的一面则可使我们从爱情、友情、交流、节庆、舞蹈和游戏中获得满足、热情和兴奋。生活的平淡方面使我们得以生存，但人类更应当活得富有诗意。我们提出的文明政治如能成功实施，我们的同胞们便可充分发挥他们的诗意潜能。

## 复兴团结互助

为了保障福祉，必须复兴团结互助。我们建议在大中城市和巴黎等大都市的街区创立“博爱之家”。这一设施不仅应当把现存的所有公共或私营互助机构组合起来，还应增设一些新的服务部门，以便为陷于精神或物质困境的人们提供紧急救助，对吸毒过量者和极度抑郁者实施营救。鉴于医院的接纳能力有限，“博爱之家”还应当设立提供紧急治疗的诊所。

当家庭和社会结构具有专制性时，个人在精神上受到强制标准的束缚，并导致大量的失落感。而当强大和稳固的共同体不复存在，个人自主性在家庭和社会生活中不断加强时，分居和离婚便成为轻而易举和频繁现象，从而也造成了神经官能症、精神痛苦、孤独感和精神错乱的大量增加。这些痛苦值得引起重视和关爱，即便这只能起到缓解作用。

总之，“博爱之家”应成为关爱他人的中心，并承担起多重使命，成为发挥主动、斡旋调停、换位思考、表达同情、实施救助、交流信息、志愿服务和持续动员的场所。

另外，建立一个负责博爱事务的民事部门也是当务之急。该部门除了满足“博爱之家”的需求外，还可以在发生水灾、地震、酷暑、旱灾等集体性灾难的地方发挥作用。而且，救灾行动不限于法国，还可扩展到欧洲和其他大陆。这样做有助于博爱在重新打造的社会中深深扎根，蓬勃发展。而这种社会才是我们所向往的。

团结互助的复兴也要通过改革来实现，我们已经并还将谈到这些改革。“去官僚化”的改革将使行政部门和企业的工作人员不再是机器人，使他们发挥主动性和相互沟通，破除与客户的间隔，意识到他们所参与的一切都是相互关联的。对教育的改革将会启迪青少年的精神，使他们思考在长大成人和成为公民后所面对的重大总体性问题，以及个人、社会、人类三者间密不可分的关系。

依照我们的博爱观，犯罪青年仍处在可塑性年龄段，我们有责任为他们创造改过和自新的条件。我们尤其认为，不应当把外来移民视为闯入者并加以排斥，而应把他们当作逃离苦难的兄弟。况且，他们之所以遭受苦难，不仅是由于我们以前的殖民化，还由于我们的经济制度输入到他们国家。这种经济制度摧毁了他们赖以生存的混合种植和养殖，把农业人口驱赶到城市贫民窟，并助长了国家高层的严重腐败。

此外，我们也不应该忽略社会安全问题，尤其是搭乘公共交通和住在郊区的人们在这方面的切身感受。正如美国的情况所表明的，惩治只会助长违法和犯罪活动，监狱是孕育违法犯罪的温床。我们必须懂得，被我们社会排斥的人也会排斥社会和我们。我们呼吁制定一种杜绝排斥的预防政策，但这种政策不应被压缩为住区改造、视频监控和就近设警等措施。我们不仅要发展新型都市化和重新审议领土整治，还应当落实人性化和体现关怀的政策。在这方面，哥伦比亚的麦德林、里约热内卢的坎塔加卢/帕旺贫民区、加拉加斯等地已做出了尝试。例如，加拉加斯创建了一支由贫民窟青年组成的交响乐队。上述情况证明，承认儿童和青少年的尊严，给他们受教育、接触电脑和艺术的机会，尤其是对他们加以理解和关爱，这会大幅度减少青少年犯罪。

## 青年政策

我们应当提出一套青年政策。从社会学和文化学的角度看，青少年是最脆弱的社会环节。因为他们不再是受呵护的儿童，但又尚未进入成年人的行列，他们的归属很不清晰。但他们同时又是最强劲的社会环节，因为他们最有能量、最有向往和最具反叛性。青少年一触即发的力量可以促进解放，但当他们遭受排斥和摒弃时便会成为极具破坏性的力量。我们在

2005 年的巴黎地区和 2011 年夏天的伦敦已目睹了这种情况。我们所提倡的青年政策不仅要通过公民义务服务来促进团结互助，还应促使我们关注青年人遇到的问题，并承认所有受排斥青年应有的“尊严”。

## 重新教化

伦理的源泉在于责任感和团结互助。我们上面所说的一切都旨在重振伦理，从更广泛的角度说，是旨在重新教化社会。这是因为，不负责任现象的泛滥和腐败的蔓延造成了我们社会的严重堕落。

应当指出，由于货币化的盛行和克己准则被普遍抛弃，腐败已成为侵蚀国家、行政部门和民选代表的主要现象，并扩展到人们生活的各个层面。重新教化不能只靠伦理说教，制止唯利是图和复兴团结互助是它的前提。另外，还要使国家管理者和公务员恢复执政道德，使担负社会使命的人（医生、教师、法官、选民代表，等等）恢复职业道德。要实现这一点，主要应借助榜样的力量，同时伴以逐渐严厉的措施。为此，我们提议建立一个国家伦理委员会。该委员会由最高行政法院法官、审计法院法官、司法官员、人道主义代表和社会活动分子等组成。除其他职责外，国家伦理委员会还应当对有意投身公职并掌握权力者进行孔夫子式的仁义教诲。

## 劳动与就业

劳动危机的双重表现是，它既破坏劳动条

件也影响就业。

竞争压力与合理化生产（把机器的合理性用到人类身上）造成了员工的超负荷，使劳动条件变得越来越艰苦。我们所勾画的改革在于使企业和管理部门实现真正的人类合理性，使部门隔绝变为相互沟通，让所有人都发挥主动性和创造性，并分享全部成果。另外，应当根据劳动的趣味性、疲劳性和安全性来设计劳动时间，而不是仅满足于颁布一个固定时数（每周 40 小时或若干时间）。我们还提议修改退休制度，在颇有趣味的职业领域取消最高年龄限制，这在政治、艺术、研究、高等教育等行业已成为事实。当然，这种做法应以经常检查工作人员的心理和身体健康为前提。在一些国家，退休年龄可因职业特点和劳动者的意愿而有所不同，并有专业医生每年对劳动者的身心能力进行检验。

在就业方面，我们主张建立各种援助机制，以鼓励开创和发展有助于提高生活质量的各种行业。在法国，救济国家或福利国家的制度正在退化，尽管其主要成果还保留着（不知还能保留多久?）。因此有必要实行一种新的救助方式：公共救助不仅应扶持患病者、失业者和赤贫者，还应用于创立集体福祉所需的企事业。这样，国家的社会事业投资职能便可弥补其救济职能的不足。

## 综合性经济改革：多元经济

在经济方面，我们主张在多元经济的环境中推行公平的、社会的和团结互助的经济。

目前，遣责资本主义的人拿不出可信的替

代方式；相信资本主义永恒的人则甘愿任其摆布。面对自己的主要敌人，社会民主主义变成了哑巴。

多元经济既不接受资本主义“永恒”论，也不认为资本主义已病入膏肓。多元经济把资本主义经济及其跨国公司囊括进来，同时又逐步压缩它们的影响范围。它主张消除资本主义的无限权力，尤其要对金融资本主义实行严格控制。

在法国，多元经济将注重发展中小企业、社会和互助经济、公平商业，以及经济伦理。

首先，发展社会和互助经济的措施包括：帮助生产和消费合作社或互助会，鼓励团结互助的团体或行业，支持从事互助储蓄和小额信贷的银行，制定新的立法和财政措施，以资助创造就业的微型项目。

第二，发展公平经济将有助于公平商业的实现。公平商业既可以抑制乃至取消牟利的中间商，从而保护小生产者的利益，也会保持适当的价格水平，以防止原料市场的波动。公平商业意味着制约大中间商的牟利行为，尤其是在食品消费领域，因为他们把过低的价格强加于生产者，把过高的价格强加于消费者。公平商业将有利于“保持有机农业协会”的活动，有利于生产者与消费者建立多种形式的直接联系，还能够促进小规模的园艺型、农家型和生物型农业。

第三，发展“绿色经济”不仅要以卫生能源取代污染能源，即安装生产绿色能源（太阳能、风能、水能、地热等）的新设施，还要实施有助于人性化和消除城市污染的大型工程。这项政策还要压缩对工业化农业的补贴，将该资金转向农家型和生物型农业。

我们也应当实施“新政”，即开展大型基础设施建设工程。这将有助于创造就业，大幅降低失业率和重新推动经济。而“紧缩”政策只会导致衰退加速，就业持续下降，工资报酬降低，消费能力减弱。所以，试图缓解经济危机的紧缩政策反而会加剧社会危机。

发展农家食品商业可为我们提供高质量的农产品，并有助于抵御日益威胁地球的危机。

第四，任何政策都应当关注与福祉相关的生态问题，但也不可一味追求生态而难以自拔。应当在逐步放弃核裂变的过程中坚持对核聚变的研究。为了让公民们看清这些问题，我们提议：针对法国核能过度发展、核能风险信息不够公开和可再生能源开发不足的状况开展一项调查。

第五，国家是社会事业的投资者。福利国家正日益受到全球化的侵蚀。我们应当捍卫福利国家创立和维持的基本保障，但同时也应大力发挥国家的社会事业投资者职能。国家对社会事业的投资体现为：以信贷方式（获得成功后方需偿还信贷）鼓励创建中小企业，以满足人们在日常生活中对卫生、社交、救助和审美的需求。作为社会投资者国家应当在法国大力实施“新政”，即制订大型工程计划：发展铁路公路联运，拓宽和整治运河，在城市周边和中心区修建停车带，资助公共交通和无污染的个人出行方式。所有这些既可创造就业，又有助于提高生活质量。用于改善城市卫生的大型工程费用会在几年内得到补偿。这是因为，由精神压力、环境污染和身心依赖导致的社会、心理和身体疾病及其开支将会大幅度减少。

第六，在保持竞争的同时减少恶性竞争。竞争应当在按规则运作的市场中进行。而恶性竞争是一种激化的竞争，它会导致企业劳动条件恶化，使众多员工遭到解雇，同时加重在职员工的劳动负荷。由于廉价进口商品在我国引发了恶性竞争，所以我们提议，如果进口商品的低廉价格是靠过度剥削和强制劳动者来实现的，我们就应根据它们与法国商品的差价加以征税。对那些在禁止工会活动和限制政治多元化的条件下生产的“便宜货”应当增加进口税。这种做法可以体现我们既要全球化又要去全球化的双重律令。去全球化的措施包括：通过临时和可变的关税保护措施来挽救某些濒危的地方性、地区性或民族性经济。

第七，为了扼制金融投机，我们应严格控制银行，密切监督评级机构，对直接交易实施征税，禁止把价格波动作为赌注，制定限制寡头垄断的反托拉斯法，展开消除避税天堂的国际行动。

第八，增加补贴的对象应当是农家型和生物型的农业和畜牧业，而不是工业化的农业和畜牧业。

第九，应当仿照巴西的“家庭救助计划”，向贫困家庭发放奖学金，使它们有钱供子女上学和满足家庭急需。

以上所有措施都是为了在法国的民主制度中压缩资本主义的范围，削弱利润霸权，制约金融游说集团的势力。这些措施将有助于法国经济通过优胜劣汰实现真正的振兴：在大力发展绿色经济的同时，压缩浪费型经济，限制生产多余的、一次性的和价值虚幻的产品。这些措施将会促进福祉的实现。

## 消费政策

新的经济政策应当与新的消费政策并驾齐驱。

贫困阶层的消费能力不足，但向他们提供的食品不应当是不发酵的面包、用激素饲养的鸡、人工催肥的牲畜肉和有可疑配料的罐头。应当向贫困者发放一种减价食品卡（类似餐券，其差价由国家或大区政府偿付），以使他们得到卫生、新鲜和美味的食物。

在中等和贫困阶层中，还有不少人对过咸或过甜的不健康食品消费过度。过甜的食品会导致儿童和青少年变得肥胖，面向他们的食品广告所宣扬的“甜蜜”只会造成对糖分的依赖。有些产品妄称具有保健、美容、延年益寿、返老还童、壮阳补气的功效，并导致人们对该产品的过度消费。如今，消费者进行理智选择的空间已非常狭小，向他们如实介绍食品或产品价值的出版物寥寥无几。由于无从得知合理的价格，消费者往往只能听从最具诱惑力的广告。

分散的消费者是无能为力的，他们若联合起来便会形成强大的公民力量，并拥有选择和抵制的权力。这种权力足以影响产品的质量和价格，同时也能促进福祉。

我们建议成立一个消费事务公署，由它负责教育消费者（并把消费教育引入中学），监督产品质量和核查广告。该机构还应当促使现有的各种消费协会联合起来，组成全国消费者同盟。

我们应鼓励在城市周边发展菜园农业，使城市就近得到食品供应。我们要鼓励人们放弃对反季节水果的消费。我们还应当保护我国养羊、养猪和养牛的农户。为此，我们有必要对其他大陆大规模饲养的牲畜征收进口税，并普遍加强对进口食品的跟踪监控。

## 不平等现象

新经济自由主义占统治地位后加剧了不平等现象：各种形式的贫困大为增加；贫困状态恶化为悲惨处境；富人的权力显著加强；领导层的腐败明显加剧；少数寡头利用荒谬的税务特权大获其利。

因此我们建议，立即建立三个常设委员会：

首先是“制止不平等现象常设委员会”。它的首要任务是解决高层的赢利和薪酬过高，底层的生活水平和质量过低的问题。该委员会应通过督促，使最低收入逐年提高，使最高收入逐年降低。为了克服因贫困而导致的生活不稳定和依附现象，该委员会还应打造一面保护贫困者的税务盾牌，制定一套有力度的住宅建设政策。

其次是“调整劳资关系常设委员会”。该委员会的任务是纠正 1990 年以来加速失衡的劳资关系。

第三个是“负责社会和人文改造的常设委员会”。为了解决因生物圈恶化而产生的自然、生物和社会问题，这种改造势在必行。其中包括克服城市和农村的工业污染，发展可再生能源，保证和改善生活质量。该委员会有必要庄严地呼吁富翁们表现出公民意识，号召他们主动重演“8 月 4 日之夜”[①] 那一幕，自觉地放弃部分财富，就像美国一些亿万富翁决定放弃一半财产或要求增加纳税额一样（如沃伦·巴菲特）。[②] 总之，全面重新审议税收基数，彻底改造我国税收制度的时刻已经到了。

## 教育

为推进教育民主化，恢复教育者的尊严，

---

① 法国大革命爆发后，在 1789 年 8 月 4 日晚间的制宪议会上，自由派贵族诺阿耶（Noailles）子爵提议无偿废除人身劳役，允许赎买封建权利，取消一切免税特权。接着，贵族和教士代表纷纷上台发言，慷慨地表示要放弃自己的封建特权。他们为自己的宽宏大度所感动，并且互相拥抱，涕泪俱下。这次会议一直持续到第二天凌晨，史称“8 月 4 日之夜”。——译者注

② 法国的一些大企业主也追随他的榜样，提出了增加纳税的请求。

扭转裁撤教育岗位的倾向，我们必须实施广泛的教育改革。① 我们应按照卢梭在《爱弥儿》中提出的“我要教会他生活”的原则深入改革教育，使每个学生都有能力应对那些涉及所有个人、社会和全人类的重大总体性问题。而目前的情况是，由于学科间的相互隔绝，这些问题往往被搞得支离破碎。

小学教育是国民教育大厦的基础。如果不全面审核培养教师的问题，小学教育便不会得到任何改善。（培养教师应通过到师范学院回炉进修的方法。师范学院曾把许多出身贫寒的优秀学生培养成才，使他们成为促进共和国团结统一的骨干力量。然而，这些师范学院却被

---

① 参见《学校应改弦更张》（*L'Ecole, changer de cap*），阿芒·塔皮尼安（Armen Tarpinian）主编，Chronique sociale，2007 年。

愚蠢地撤销了。）所以，应当提高对小学教师职业的评价（教书往往被视为无足轻重的职业），并鼓励有经验的小学教师主动到最困难的班级和地区去工作。

青少年是具有可塑性和关键性的年龄段。中学教育的基本任务就是让年轻一代能够应对他们在个人、公民和人类生活中遇到的问题。因此，中学教育应当触及当代生活的重大总体性问题。这便要求人们把目前相互隔绝的学科知识综合起来。

务必做到的是，不仅要教授知识，还应让学生知道：目前的知识正受到教条、谬误、假象和简化等危险的威胁。因此，教育应当让学生知道如何获得正确的知识。

务必做到的是，不仅要教授人道主义，还应让学生知道人类兼有生物性、个体性和社会性，使他们清楚意识到人类的命运、历史、挫折、矛盾和灾难。

务必做到的是，教学生懂得唯有人类的相互谅解才能维系人类的团结互助和友好相处。人类的相互谅解能够使我们看到自己与他人的同一性和差异性，认识到他人的复杂性，而不会对其持全盘否定的态度。

务必做到的是，教学生知道全球时代的人类有哪些机遇和风险，其中包括与每个人和所有人都有关的当代重大问题。

务必做到的是，教学生如何应对在个人生活、集体生活和民族历史中固有的不确定性。在21世纪初，我们、我们的社会和全人类所面临的不确定性变得更为严重了。

同样务必做到的是，把关系我们日常生活的文明问题纳入教育，例如家庭环境、青年文化、城市生活、城乡关系（城市人性化和振兴农村问题）。还应对学生进行消费、娱乐、传媒和积极行使民主自由等方面的训练。

大学应该承担起两项使命，一是适应与吸纳科学和社会的现代化并提供各种职业教育；二是提供跨世纪的新型职业文化。这种职业文化应包括自主意识、问题分析、求真重于实用，以及知识伦理。这种文化超越了短暂的“此时此地”（hic et nunc），却能改善公民们“此时此地”的命运。

使教育适应社会和使社会适应教育，这两种使命既相互对立，又互为补充。二者的循环互动会产生丰硕成果。这不仅会促进文化的现代化，也能使现代化具有文化性。

但目前，上述两项使命正面临多种挑战。首先是过度配合的压力，它迫使教育和科研服从经济、技术和管理的当下需求，紧密结合最新的市场方法或秘诀，对普通教育加以压缩，将人文文化边缘化。然而，无论在生活中还是在历史上，一味适应现实并不是拥有活力的表现，而是丧失创新性和步入衰亡的征兆。

另外，人文文化和科学文化之间存在着间隔和分离，各类科学和学科之间也相互隔绝。上述两种文化缺乏沟通对二者都会造成严重后果。人文文化旨在复苏以往的成就，科学文化则强调当今成果的价值。人文文化属于通用文化，它通过哲学、评论、小说提出人类的基本问题并促使人们反思。科学文化擅长的是启发理论思维，而不是对人类命运和科学自身发展的思考。科学文化可提供关于宇宙、生命和人类的基本知识，但缺乏自省性。人文文化的磨坊则拒绝接受和加工科学知识的宝贵食粮。社会学虽然位于这两种文化的交汇处，但它也陷入了无所适从的境地，难以起到沟通作用。

所有这些都表明，有必要开展一场思想改造。中世纪的学问系统过于严密，可谓是个协调的“整体”。当代的学问过于分散，且互不关联和互相隔绝。目前，一场重组知识的运动正在展开。科学生态学、地球科学、宇宙科学属于跨学科的科学，其研究对象不再是脱离背景的孤立领域，而是一个复杂的系统：生态学研究的对象是生态系统，乃至生物圈；地球科学研究的对象是整个地球系统；宇宙科学研究的是宇宙在构成和毁灭银河系和太阳系方面所表现的奇特倾向。

多学科研究的必要性已得到普遍承认，但承认跨学科研究的必要性则仍需时日。无论是对健康、老年、建筑和城市现象的研究，还是对能源、合成材料和源于新科技的艺术形式的研究，都需要采用跨学科的方式。

然而，只有复杂性思维的框架才能容纳跨学科的解决办法。因此，我们应当用联系性思维取代分离性思维。这种联系性思维要求用多基准的循环因果关系来取代单线和单向的因果关系，用能够产生对立统一概念的二元逻辑来纠正僵化的传统逻辑，用局部反映整体的认识来完善关于整体包括局部的认识。

改造思想将有助于遏制民主的倒退。造成民主倒退的原因是，各类专家的权威在所有政策领域不断膨胀，公民的权力和能力则被压缩。他们只能盲目地接受所谓专家提出的决策。而实际上，这些专家的智慧是破碎而抽象的，他们根本认识不到问题的总体性和来龙去脉。认知民主的发展只能在知识重组中实现，而思想改造又是知识重组的前提。经过思想改造，人们不仅可通过分解达到认识，还能把分离的事物联系起来。

这是一场极为广泛和深刻的改革。没有这种改革，大学教育的民主化便不会对我国青年的觉悟产生决定性影响。这不是程式改革，而是范式改革，它关系到加强我们组织知识的能力。

与此同时，我们还将通过上述改革促进通用文化的再生。这是因为，任何人想要了解自身，就必须通晓人类在世界、生活、社会和历史中的处境。

## 审美文化

文化大都具有审美性（例如文学、音乐、

绘画)。我们认为，任何福祉政治都应当培养生活的诗意，这包括情感参与、艺术欣赏和如痴如醉的能力。福祉政治应当鼓励使我们生活在诗意中的审美文化。在参与审美的过程中，例如在电影院，我们往往会变得更加人性化，以至于会理解和喜欢上平时所忽略或鄙视的人，如流氓、罪犯或仇敌。这是因为，尽管他们往往缺乏人性，但银幕上表现的他们尚有人性的一面感动了我们。

世界既有美妙的一面，又有可怕的一面。审美既能使我们如痴如醉，也能让我们面对可怕的事物。例如，舒伯特的作品 D956，C 大调弦乐五重奏第二乐章所表达的便是灵魂的极度痛苦，然而我们也从中得到了难以忘怀的音乐享受。

欣赏艺术作品有助于我们在日常生活中培

养审美。人们常说，“大自然会仿效艺术作品”。当我们面对广阔的大海、雄伟的雪峰、参天的大树、纷飞的蝴蝶、蹦跳的孩子、扑向主人怀抱的爱犬和美丽的面容时，我们便会对大自然发出如痴如醉的赞叹。

所有这些都应促成一种文化政策，即审美政策。它将有助于生活诗意的扩展和民主化，使每个人都能体验美好的情感，并通过欣赏杰作发现真正的自我。对此，本书的两位笔者已有过亲身体会。

## 国家

目前，国家的权能已明显削弱。这是经济全球化、欧盟一体化和大量公共部门划归私营经济所导致的结果。另外，在最近几十年里，中央部门的不少权力也被下放到大区层面。

我们要继续推进欧洲一体化，尤其是在极端自由派们所固守的那些领域。我们还应当继续推进正面的全球化。与此同时，我们也建议保护全球化的对立面，即主张辅助性原则和国家在相互依存中保持自主。

## 政治改革与振兴民主

毋庸置疑，民主制正在退化和萎缩，寡头政治倾向便是其表现之一。这些现象致使公民元气丧失，认知民主消亡，即公民不能获得有关的科技知识，进而无权理解和讨论日趋复杂的问题。

人们在物质、经济和技术方面的需求非常迫切，满足这些需求无疑是理所应当的。然而他们还有其他的需求。由于利润至上和恶性竞争，不少人被当作商业计算的砝码；有些人则遭到漠视、遗忘、伤害、侮辱、蔑视或抛弃。对他们而言，首先的需求是人格得到全面承认。福祉政治不仅要与物质贫困做斗争，还要与精神苦恼、孤独、伤害、蔑视、拒绝和冷漠做斗争（为此，应当从小学起进行理解他人的教育）。

政治思想改造的目标是能够重视和应对重大总体性问题。这一目标与我们提出的社会人性化或重新人性化改革密切相关。这些改革既是福祉政治的成果也是福祉政治的动力。新的福祉政治能够揭示前景和带来希望，并使全体国民在希望中同舟共济。

我们国家一旦认识到这场重大改革能够满足其需求和向往，它便会从内心深处迸发出改革的动力。这是因为，被官僚结构僵化的法兰西在灵魂深处始终蕴藏着极大活力。《愤怒吧！》[①] 一书所产生的巨大影响证明了这一点。无论在法国还是在世界其他地方，该书都被视为敦促人们对难以忍受的压迫提出质疑的呼吁。个人的变革和社会的变革相辅相承，缺一不可。政治改革、思想改革、社会改革、生活方式改革结合起来便能使社会脱胎换骨。尽管光辉灿烂的前途已成泡影，我们仍要努力开辟一条通向未来的道路。

金融资本主义的贪婪和民族清洗的野蛮若得不到扼制，通往福祉政治的道路便难以打通。金融资本主义与产品资本主义有所不同，它寄生于后者，挪用生产领域的资本从事投

---

① 该书由 Indigène 出版社于 2010 年出版。

机。当今的产品资本主义也因一味追求生产率和竞争力而堕落变质。正如我们所提到的，这种追求致使劳动者遭到繁重压力和解雇威胁。正如西方国家以前做过的那样，为遏止过度剥削的恶行，我们一方面应当制定合理的临时性关税，另一方面应当振兴劳动者联合运动，并促进左翼力量重获新生。只有这样，我们提出的综合改革才能扼制金融投机，在所有领域击溃利润霸权。

民族清洗的野蛮导致了西班牙宗教裁判所的迫害行为，并使穆斯林与犹太人于1492年遭到大肆驱逐，还引发了欧洲16—17世纪的宗教战争、20世纪的民族大清洗和纳粹的种族灭绝行动。目前，这种野蛮再次威胁着欧洲国家，其中也包括法国。民族清洗的野蛮会导致排斥性狂热。和所有狂热一样，这种排斥性狂热一方面源于善恶二元论的心理，即把要打击和毁灭的对象妖魔化，一方面源于蔑视他人（无论有根据还是凭空论断）的心理。反对善恶二元论和简化论的斗争不应停留在呼唤合理性的层面。只有借助有效的教育改革，大力推广复杂性思维，才能使这场斗争取得成效。因为有复杂性思维的人在面对一种现象、一个民族和一个人，乃至自我时，能够看到其多样性或双重性。

因此，我们面对的敌人并不是一个，我们必须在两条战线展开斗争。这场双重斗争将能为福祉政治开辟道路。

尽管阿拉伯国家、以色列、印度、智利、西班牙、希腊、冰岛等国的人民存在很大差异，但他们在世界各地都奋起抗议金钱权力肆无忌惮的恶行。这种具有积极意义的愤慨也会蔓延到我们国家。世界各地的反抗活动都出于正当的愿望，但它们尚缺乏一种政治思想，因此难以组合起来和明确方向。

我们俩人中的一个曾试图借《道路》（La Voie）[①] 一书提出这种思想，我们也想通过本书并就法国的情况阐明这种思想。

我们一定能够在法国开辟通向新型政治的道路，也会促使全欧洲选择这条道路。这种新型政治将使我国再度成为被人效仿的榜样，并展现出拯救全球的前景。

## 浴火重生

我们并不打算组建一个新党，也不想加入

---

① Fayard 出版社，2010 年。

任何老党。但我们希望左翼力量的四个源泉能使法国实现凤凰涅槃，浴火重生。这四个源泉中，除了注重个人自由的自由主义源泉、注重改进社会的社会主义源泉、注重集体友爱的共产主义源泉，还应包括生态学源泉。因为生态学源泉恢复了我们与自然，尤其是与地球祖国的密切联系和相互依存关系，把太阳视为一切生物能源之本。

我们希望资源枯竭和思想僵化的现有政党自行解散，以便在汲取上述四个源泉的基础上实现重组。

我们并不打算向现有政党提出什么公约，而只想为促成一种强大公民运动和一场意识反叛做出贡献。意识反叛能够孕育出符合公民运动要求的政治。

我们曾试图阐明这种政治。[①] 须知，这种政治一旦成为楷模，便会推广到全欧洲并扩展到全球，从而使人类政治应运而生。

我们的建议并非完美无缺，我们提出它是

---

① 筹划这种新型政治的不只是我们，还有“人类对话”（Dialogues en Humanité）的主持人帕特里克·维夫莱（Patrick Viveret）、社会与团结经济的创始人克洛德·阿尔方德里（Claude Alphandéry）、著有《论交际》（*De la convivialité*，La Découverte，2011）的阿兰·卡耶、著有《公民们，行动起来！》（*Aux actes citoyens*！，Maxima，2011）的埃尔韦·塞里耶克斯（Hervé Sérieyx）和安德烈-伊夫·波特诺夫（André-Yves Portnoff）、著有《争取税收革命》（*Pour une révolution fiscale*，Le Seuil/La République des idées，2011）的卡米耶·朗代（Camille Landais）、托马斯·皮凯蒂（Thomas Piketty）和埃玛努埃尔·萨兹（Emmanuel Saez）、著有《为了避免总崩溃》（*Pour éviter le krach ultime*，Nova éditions，2011）的皮埃尔·拉鲁图鲁（Pierre Larrouturou），以及“愕然的经济学家们”（Économistes Atterrés）。上述所有思想和著作相互启发并逐步形成一股力量。

为了抛砖引玉，接受批评、补充和修改。然而我们确信，现在我们亟须一种新型政治，一种把我们从致命的麻木不仁和听天由命中解救出来的求生与再生政治。正如我们所阐述的，这种求生政治将带有福祉政治的特点。

求生有助于福祉，福祉有助于求生，二者结合起来便可打开希望之路。

# 附　录

## 斯特凡·埃塞尔的著作

*Danse avec le siècle*, Seuil, 1997.

*Dix pas dans le nouveau siècle*, Seuil, 2003.

*Ô ma mémoire : la poésie, ma nécessité*, Seuil, 2006.

*Citoyen sans frontières* (avec Jean-Michel Helvig), Fayard, 2008.

*Indignez-vous !*, Indigène éditions, 2010.

*Engagez-vous !* (entretiens avec Gilles Vanderpooten), Éditions de l'Aube, 2011.

## 埃德加·莫兰的著作

*Introduction à une politique de l'homme*, Seuil, 1965, «Points Politique», n° P029, 1969, nouvelle édition, «Points Essais», n° 381, 1999.

*Pour sortir du XX$^e$ siècle*, Seuil, «Points Essais», n° 170, 1984, édition augmentée d'une préface sous le titre *Pour entrer dans le XXIe siècle*, Seuil, «Points Essais», n° 518, 2004.

*Penser l'Europe*, Gallimard, 1987, «Folio», 1990.

*Terre-Patrie*, (en coll. Avec Brigitte Kern), Seuil, 1993, «Points», n° P207, 1996.

*L'An I de l'ère écologique: la Terre dépend de l'homme qui dépend de la Terre*, Tallandier, 2007.

*Vers l'abîme ?*, Éd. De l'Herne, 2007.

*Pour et contre Marx*, Temps présent, 2010.

*Ma gauche*, François Bourin, 2010.

*La Voie. Pour l'avenir de l'humanité*, Fayard, 2011.

图书在版编目(CIP)数据

希望之路:公民伦理的创建/(法)埃塞尔,(法)莫兰著;马胜利译.
—北京:生活·读书·新知三联书店,2014.2
ISBN 978-7-108-04305-4

Ⅰ.①希… Ⅱ.①埃…②莫…③马… Ⅲ.①文化—研究—世界 Ⅳ.①G114

中国版本图书馆CIP数据核字(2013)第320473号

责任编辑 麻俊生
封面设计 储 平
责任印制 李思佳
出版发行 生活·讀書·新知 三联书店
(北京市东城区美术馆东街22号)
邮 编 100010
印 刷 北京市松源印刷有限公司
版 次 2014年2月北京第1版
2014年2月北京第1次印刷
开 本 787毫米×960毫米 1/32 印张2.75
字 数 26千字
定 价 28.00元